Anleitungen zur Entwicklung des eigenen Schreibstils und zur Veröffentlichung von Büchern

Anleitungen zur Entwicklung des eigenen Schreibstils und zur Veröffentlichung von Büchern

Inhaltsverzeichnis

Einleitung

Einführung in das Thema Schreiben ist sowohl eine Kunst als auch ein Handwerk. Dieses Buch ist ein Leitfaden für angehende und erfahrene Autoren, die ihren eigenen Schreibstil entwickeln und ihre Werke erfolgreich veröffentlichen möchten.

Kapitel 1: Kreatives Schreiben vs. Technisches Schreiben

Definition und Unterschiede

☐ Kreatives Schreiben: umfasst literarische Werke wie Romane, Kurzgeschichten und Gedichte.

- Technisches Schreiben: ist sachlich und klar, oft in Form von Handbüchern und wissenschaftlichen Arbeiten.

Beispiele für kreatives Schreiben:

- Ein poetischer Absatz aus einem Roman:

  "Der Wind spielte sanft mit den Blättern der alten Eiche, flüsterte Geheimnisse, die nur die Natur verstand. Unter dem Baum saß Clara, vertieft in ein Buch, das ihre Fantasie beflügelte und sie in ferne Welten entführte."

Beispiele für technisches Schreiben:

- Ein Auszug aus einer Bedienungsanleitung:

  "Schalten Sie das Gerät ein, indem Sie den Power-Knopf für drei Sekunden gedrückt halten. Warten Sie, bis die LED-Anzeige blau leuchtet, bevor Sie fortfahren."

Tipps zur Entwicklung beider Schreibstile

- Viel Lesen: Lese in beiden Bereichen, um ein Gefühl für den Stil zu bekommen.

- ☐ Regelmäßig Üben: Übe, indem du verschiedene Stile ausprobierst und deine eigenen Texte analysierst.

Kapitel 2: Inspiration und Ideenfindung
Quellen der Inspiration

- ☐ Natur: Spaziergänge, Beobachtungen
- ☐ Kunst: Museen, Ausstellungen
- ☐ Musik: Verschiedene Genres, Konzerte
- ☐ Gespräche: Mit Freunden, Familie, Fremden
- ☐ Träume: Traumtagebuch führen

Techniken zur Ideenfindung

- ☐ Brainstorming: Freies Aufschreiben von Ideen
- ☐ Mind Mapping: Visualisieren von Gedanken und Verbindungen
- ☐ Freewriting: Ununterbrochenes Schreiben für eine festgelegte Zeit

Beispiel für eine Mind Map:

- ☐ Thema: "Reiseabenteuer"

    - o Unterthemen:"Transport","Unterkunft","Aktivitäten", "Kultur", "Essen"
    - o Details:"Zug,Auto,Flugzeug","Hotel,Hostel,Airbnb", "Wandern, Sightseeing, Strand", "Traditionen, Feste, Sprache", "Lokale Küche, Restaurants, Märkte"

Kapitel 3: Schreibübungen und Routinen
Effektive Schreibübungen

- ☐ Freies Schreiben: Ohne Pause schreiben, um den Gedankenfluss zu fördern.
- ☐ Schreibsprints: Zeitbegrenzte Schreibsessions, um die Produktivität zu steigern.
- ☐ Perspektivenwechsel: Szenen aus verschiedenen Blickwinkeln schreiben.

Beispiel für eine Schreibübung:

- ☐ Freies Schreiben: Setze dir einen Timer auf 10 Minuten und schreibe ohne Unterbrechung. Beginne mit dem Satz: "Heute ist ein besonderer Tag, weil..."

Erstellung einer Schreibroutine

- ☐ Feste Schreibzeiten: Täglich oder wöchentlich feste Zeiten zum Schreiben einplanen.
- ☐ Realistische Ziele setzen: Klein anfangen und die Ziele nach und nach steigern.

Beispiel für eine Schreibroutine:

- ☐ Tägliches Ziel: 500 Wörter pro Tag schreiben
- ☐ Wöchentliche Schreibsitzung: Jeden Sonntagmorgen eine Stunde für das Überarbeiten des Geschriebenen reservieren

Kapitel 4: Überarbeitungstechniken

Checkliste und Revision

- ☐ Struktur: Logischer Aufbau und Klarheit der Handlung.
- ☐ Klarheit: Verständliche und prägnante Ausdrucksweise.
- ☐ Konsistenz: Einheitlichkeit in Stil und Charakterdarstellung.

Schritt-für-Schritt-Anleitung zur Überarbeitung

1. Grobe Überarbeitung: Auf Handlung und Struktur konzentrieren.
2. Detaillierte Überarbeitung: Sprache und Stil verfeinern.
3. Feinschliff: Grammatik und Rechtschreibung korrigieren.

Beispiel für eine Überarbeitung:

- ☐ Originaltext: "Der Hund rannte schnell durch den Park. Er sah einen Ball und holte ihn."
- ☐ Überarbeiteter Text: "Mit erstaunlicher Geschwindigkeit sprintete der Hund durch den Park. Sein Blick fiel auf einen Ball, den er sofort apportierte."

Kapitel 5: Feedback und Betaleser

Vorteile von Feedback

- ☐ Konstruktive Kritik: Verbesserungsvorschläge zur Steigerung der Qualität.

So findest du Betaleser

- ☐ Schreibgruppen: Lokale und online Schreibgruppen.
- ☐ Online-Foren: Communities wie Reddit oder spezielle
- ☐ Autorenforen.
  Soziale Medien: Plattformen wie Twitter, Facebook-Gruppen.

Beispiel für Feedback:

- ☐ Feedback eines Betalesers: "Die Charakterentwicklung ist gut, aber die Dialoge wirken manchmal etwas steif. Vielleicht könntest du sie natürlicher gestalten, indem du alltägliche Redewendungen einfügst."

Kapitel 6: Veröffentlichungswege
Selbstverlag vs. Traditioneller Verlag

☐ Vor- und Nachteile des Selbstverlags:

  o KontrolleüberdengesamtenProzess
  o HöhereGewinnspanne
  o MehrVerantwortungundAufwand

☐ Vor- und Nachteile des traditionellen Verlags:

  o ProfessionelleUnterstützung
  o BreitereVertriebswege
  o WenigerkreativeFreiheit

Manuskripteinreichung bei Verlagen

☐ Recherche: Verlage finden, die zu deinem Genre passen.

- ☐ Erstellung eines professionellen Exposés: Zusammenfassung deines Buches, Marktanalyse, Zielgruppe.
- ☐ Anschreiben: Präzise und professionell, Einreichungsrichtlinien des Verlags genau befolgen.

Beispiel für ein Exposé:

- ☐ Titel: "Die Reise der Helden"
- ☐ Genre: Fantasy
- ☐ Zusammenfassung: "In einer Welt voller Magie und Geheimnisse müssen drei junge Helden eine uralte Prophezeiung erfüllen, um ihr Königreich vor dem Untergang zu retten. Auf ihrer Reise begegnen sie zahlreichen Gefahren, entdecken ihre wahren Fähigkeiten und lernen die Bedeutung von Freundschaft und Mut kennen."

Kapitel 7: Self-Publishing

Plattformen und Tools

- ☐ Beliebte Self-Publishing-Plattformen: Amazon KDP, IngramSpark, Draft2Digital.
- ☐ Tools zur Formatierung und Gestaltung: Scrivener, Vellum, Canva.

Marketingstrategien

- ☐ Erstellung einer Autorenseite: Präsentiere dich und deine Bücher professionell.
- ☐ Social Media Marketing: Nutze Plattformen wie Facebook, Instagram und Twitter.

- Organisieren von Buch-Launch-Events: Plane dein Event im Voraus, biete besondere Aktionen an.
- E-Mail-Marketing: Baue eine E-Mail-Liste auf, sende regelmäßig Newsletter.

Beispiel für eine Autorenseite:

- Über mich: "Ich bin [Name], Autor von [Buchtitel]. Meine Leidenschaft ist das Schreiben von [Genre]. In meinen Büchern entführe ich meine Leser in spannende Welten und erzähle Geschichten voller Abenteuer und Emotionen."
- Buchbeschreibung: "Mein aktuelles Buch '[Buchtitel]' ist ein packendes Abenteuer, das die Leser von der ersten Seite an fesseln wird. Es erzählt die Geschichte von [kurze Inhaltsangabe]."

Kapitel 8: Buchmarketing (Fortsetzung)
Beispiel für eine Buch-Launch-Planung:

- [ ] Launch-Datum: 01. September
- [ ] Countdown: Tägliche Social Media Posts mit Zitaten aus dem
- [ ] Buch, Teaservideos und Sneak Peeks
- [ ] Event: Virtuelle Buchvorstellung über Zoom mit Live-Lesung und Q&A
  Sonderaktionen: Exklusive Rabatte und Giveaways für die ersten 100 Käufer

Kapitel 9: Netzwerken und Community-Building
Schreibgruppen finden und gründen

- [ ] Vorteile: Erhalte Feedback, Motivation und Unterstützung.
- [ ] Wie man Schreibgruppen findet: Nutze Plattformen wie Meetup,
- [ ] Facebook, lokale Bibliotheken.
  Gründung einer eigenen Schreibgruppe: Suche Mitglieder, plane regelmäßige Treffen, setze Ziele.

Beispiel für eine Schreibgruppe:

- [ ] Treffpunkt: Lokale Bibliothek, jeden Donnerstagabend um 18 Uhr
- [ ] Struktur: Beginn mit einer kurzen Schreibübung, gefolgt von einer Feedback-Runde, Abschluss mit einer Diskussion über Schreibziele und Herausforderungen

- ☐ Ziel: Unterstützung beim Schreiben, Austausch von Ideen und Ressourcen, gemeinsame Schreibprojekte

Newsletter und Leserverbindung

- ☐ Erstellung eines Newsletters: Biete exklusive Inhalte, Anreize für die Anmeldung.
- ☐ E-Mail-Marketing-Tools: Mailchimp, ConvertKit, MailerLite.
- ☐ Tipps zur Leserbindung: Halte deine Leser auf dem Laufenden, biete Mehrwert, interagiere regelmäßig.

Beispiel für einen Newsletter:

- ☐ Betreff: "Neuigkeiten von [Autorname] - Exklusive Vorschau auf mein neues Buch!" Inhalt: "Liebe Leser, ich freue mich, euch eine exklusive Vorschau auf mein neues Buch '[Buchtitel]' zu geben. In dieser Ausgabe erfahrt ihr mehr über die Hauptcharaktere, die Handlung und meine Inspiration für die Geschichte. Außerdem gibt es ein spezielles Gewinnspiel, bei dem ihr ein signiertes Exemplar gewinnen könnt!"

Kapitel 10: Praktische Übungen

Tägliche Routinen

- ☐ Entwickle eine Routine: Achtsamkeitsübungen, Atemtechniken, progressive Muskelentspannung.
- ☐ Konfrontation von Ängsten: Stelle dich deinen Ängsten bewusst und in kleinen Schritten.

- Journaling: Schreibe regelmäßig in ein Tagebuch, um deine Gedanken zu ordnen.
- Unterstützung suchen: Tausche dich mit Freunden, Familie oder Selbsthilfegruppen aus.

Beispiel für eine tägliche Routine:

- Morgenroutine: 10 Minuten Meditation, 20 Minuten freies Schreiben, 30 Minuten Lesen eines Buches zur Inspiration
- Abendroutine: 15 Minuten Tagebuch schreiben, 10 Minuten progressive Muskelentspannung

Kapitel 11: Geschichten und Fallstudien

Erfahrungen erfolgreicher Autoren

- Inspiration und Ermutigung durch echte Geschichten: Erfolgreiche Autoren teilen ihre Erfahrungen und Tipps.

Beispiel für eine Erfolgsgeschichte:

- ☐ Autor: Maria Schmidt
- ☐ Buch: "Der vergessene Garten"
- ☐ Erfolgsgeschichte: Maria begann mit dem Schreiben als Hobby und entschied sich nach mehreren Jahren, ihr erstes Buch im Selbstverlag zu veröffentlichen. Durch geschicktes Marketing und die Teilnahme an Buchmessen gewann sie schnell eine treue Leserschaft. Heute ist sie eine erfolgreiche Autorin und gibt ihr Wissen in Schreibworkshops weiter.

Kapitel 12: Ressourcen und weiterführende Literatur

Empfohlene Bücher und Artikel

- ☐ Tiefere Einblicke in die Themen Schreiben und Veröffentlichung: Empfehlungen von Fachliteratur und hilfreichen Artikeln.

Beispiele für empfohlene Bücher:

- ☐ "On Writing" von Stephen King
- ☐ "Bird by Bird" von Anne Lamott
- ☐ "The Elements of Style" von William Strunk Jr. und E.B. White

Online-Ressourcen

- ☐ Websites, Blogs, Apps: Nützliche Online-Ressourcen zur Unterstützung deines Schreibprozesses.

Beispiele für Online-Ressourcen:

- ☐ Website: Writer's Digest (www.writersdigest.com)
- ☐ Blog: The Creative Penn (www.thecreativepenn.com)
- ☐ App: Scrivener

Kapitel 13: Schlusswort
Zusammenfassung und ermutigende Worte

- ☐ Schreiben ist ein kontinuierlicher Prozess. Der Schlüssel zum Erfolg liegt in der Beständigkeit und dem Glauben an sich selbst. Lass dich nicht entmutigen und nutze die in diesem Buch vorgestellten Techniken und Strategien, um deine Ziele zu erreichen.

Beispiel für ein Schlusswort:

- ☐ "Liebe Leser, ich hoffe, dieses Buch hat euch wertvolle Einblicke und praktische Tipps zur Entwicklung eures eigenen Schreibstils und zur Veröffentlichung eurer Werke gegeben. Schreiben ist eine Reise, die Ausdauer, Geduld und Leidenschaft erfordert. Glaubt an euch selbst, bleibt neugierig und lasst eure Kreativität fließen. *Viel Erfolg auf eurem Schreibweg!*"

Kapitel 14: Anhang: Checklisten und Vorlagen
Hilfsmittel zur Strukturierung der Praxis

- ☐ Tägliche Übungen: Checklisten zur täglichen Schreibpraxis.
- ☐ Zielsetzung: Vorlagen zur Definition und Verfolgung deiner
- ☐ Schreibziele. Selbstreflexion: Vorlagen zur Selbstreflexion
  und Bewertung deines Fortschritts.

Beispiel für eine Checkliste:

- ☐ Tägliche Schreibziele: 500 Wörter schreiben
- ☐ Wöchentliche Überarbeitung: 2 Kapitel überarbeiten
- ☐ Monatliche Zielsetzung: 1 neues Kapitel fertigstellen

Kapitel 15: Anhang: Checklisten und Vorlagen
Vorlage für eine tägliche Schreibroutine:

Morgens:

1. 10 Minuten Meditation zur Entspannung und Fokussierung
2. 20 Minuten freies Schreiben, um den Gedankenfluss zu fördern
3. 30 Minuten Lesen eines Buches zur Inspiration

Abends:

1. 15 Minuten Tagebuch schreiben, um den Tag zu reflektieren

2. 10 Minuten progressive Muskelentspannung zur Vorbereitung auf den Schlaf

Vorlage für eine wöchentliche Schreibroutine:

Montag:

- ☐ 1 Stunde Schreiben neuer Inhalte

Mittwoch:

- ☐ 1 Stunde Überarbeitung bestehender Texte

Freitag:
- ☐
  30 Minuten Feedback von Betalesern durchsehen und einarbeiten

Sonntag:

- ☐ 1 Stunde Lesen und Recherche

Vorlage für eine monatliche Zielsetzung:

Schreibziele:

- ☐ Fertigstellung von 2 neuen Kapiteln
- ☐ Überarbeitung von 4 Kapiteln
- ☐ Teilnahme an 1 Schreibworkshop oder -gruppe

Marketingziele:

- ☐ Verfassen und Versenden von 2 Newslettern
- ☐ Erstellung von 4 Social Media Posts zur Buchpromotion

Beispiele für empfohlene Bücher:

- ☐ "On Writing" von Stephen King
- ☐ "Bird by Bird" von Anne Lamott
- ☐ "The Elements of Style" von William Strunk Jr. und E.B. White

Online-Ressourcen

- ☐ Websites, Blogs, Apps: Nützliche Online-Ressourcen zur Unterstützung deines Schreibprozesses.

Beispiele für Online-Ressourcen:

- ☐ Website: Writer's Digest (www.writersdigest.com)
- ☐ Blog: The Creative Penn (www.thecreativepenn.com)
- ☐ App: Scrivener

- ☐ Überarbeitung: Striktes Festhalten an einer Struktur, regelmäßige Überarbeitungen

Kapitel 17: Herausforderungen beim Schreiben und wie man sie überwindet

Schreibblockaden:

- ☐ Ursachen: Stress, Perfektionismus, mangelnde Inspiration
- ☐ Lösungen: Freies Schreiben, Schreibübungen, Pausen machen, Perspektivenwechsel

Zeitmanagement:

- ☐ Ursachen: Volle Terminkalender, Ablenkungen, fehlende Routine
- ☐ Lösungen: Feste Schreibzeiten einplanen, Ablenkungen minimieren, Prioritäten setzen

Selbstzweifel:

- ☐ Ursachen: Hohe Erwartungen, negative Erfahrungen, Vergleich mit anderen
- ☐ Lösungen: Positive Selbstgespräche, Feedback von Betalesern einholen, kleine Erfolge feiern

Überarbeitung und Perfektionismus:

- ☐ Ursachen: Angst vor Fehlern, Wunsch nach Perfektion

- Lösungen: Setze dir klare Deadlines, akzeptiere, dass kein Text perfekt ist, hole dir Feedback ein

Kapitel 18: Schreibtechniken und Stilmittel
Dialoge schreiben:

- Natürliche Sprache verwenden, um Authentizität zu
- gewährleisten
- Charaktere durch ihre Sprechweise differenzieren
  Unnötige Dialoge vermeiden, um den Text nicht zu überladen

Beschreibungen:

- Sinneswahrnehmungen einbeziehen (Sehen, Hören, Riechen, Schmecken, Fühlen)
- Metaphern und Vergleiche nutzen, um Bilder im Kopf des Lesers zu erzeugen
- Balance zwischen detaillierten Beschreibungen und Handlungsfortschritt finden

Erzählperspektive:

- Ich-Erzähler: Subjektive Sichtweise, Nähe zum Charakter
- Er/Sie-Erzähler: Allwissende oder begrenzte Sichtweise
- Wechselnde Perspektiven: Verschiedene Sichtweisen einbeziehen, um die Geschichte vielfältiger zu gestalten

Spannung aufbauen:

- Cliffhanger am Ende von Kapiteln
- Rätsel und ungelöste Fragen einbauen
- Emotionale Konflikte und überraschende Wendungen nutzen

Kapitel 19: Fortbildung und Schreibkurse

Online-Kurse:

- Plattformen wie Coursera, Udemy, und MasterClass bieten Kurse zum kreativen Schreiben und Self-Publishing an
- Spezialisierte Schreibkurse von erfolgreichen Autoren und Schreibcoaches

Workshops und Seminare:

- Lokale Schreibworkshops an Volkshochschulen, Bibliotheken oder Literaturhäusern
- Intensiv-Seminare und Schreibretreats für konzentriertes Arbeiten und Netzwerken

Schreibwettbewerbe:

- Teilnahme an Wettbewerben, um Feedback zu erhalten und das eigene Können zu messen
- Plattformen wie Wattpad oder Sweek für regelmäßige Schreibwettbewerbe und Challenges

Kapitel 20: Aufbau einer Autorenmarke

Persönliche Marke entwickeln:

- ☐ Authentisches Auftreten und konsistente Kommunikation
- ☐ Einprägsamer Autorenname und Wiedererkennungswert
- ☐ Professionelles Logo und Design für Bücher und Marketingmaterialien

Online-Präsenz:

- ☐ Eigene Autorenwebsite mit Blog, Biografie und Kontaktmöglichkeiten
- ☐ Aktive Social Media Kanäle zur Interaktion mit Lesern und anderen Autoren
- ☐ Regelmäßige Updates und Einblicke in den Schreibprozess teilen

Leserbindung:

- ☐ Newsletter mit exklusiven Inhalten, Gewinnspielen und
- ☐ Leseproben
- ☐ Teilnahme an Lesungen, Buchmessen und Online-Events Lesergruppen und Foren nutzen, um im Austausch zu bleiben und Feedback zu erhalten

Marketing-Tipps für Autoren

Erfolgreiches Buchmarketing ist entscheidend, um Aufmerksamkeit zu gewinnen und Leser zu erreichen. Hier sind einige bewährte Strategien und Tipps, um dein Buch effektiv zu vermarkten:

1. Erstelle eine professionelle Autorenwebsite

Warum? Eine gut gestaltete Website ist deine digitale Visitenkarte. Sie gibt potenziellen Lesern Informationen über dich und deine Bücher und bietet eine zentrale Plattform für deine Online-Präsenz.

Tipps:

- **Über mich**: Schreibe eine ansprechende Biografie und füge ein professionelles Foto hinzu.
- **Blog**: Teile regelmäßig Beiträge über deinen Schreibprozess, Buchrezensionen, und relevante Themen.
- **Kontakt**: Stelle sicher, dass Leser und Medienvertreter dich leicht kontaktieren können.
- **Newsletter**: Biete eine einfache Möglichkeit zur Anmeldung an und locke mit exklusiven Inhalten.

2. Nutze Social Media effektiv

Warum? Social Media Plattformen sind hervorragende Werkzeuge, um mit Lesern zu interagieren, Neuigkeiten zu teilen und eine Gemeinschaft aufzubauen.

Tipps:

- **Plattform wählen**: Finde heraus, wo deine Zielgruppe aktiv ist (z.B. Instagram, Twitter, Facebook).
- **Regelmäßige Updates**: Teile Einblicke in deinen Schreibprozess, Zitate aus deinem Buch, und persönliche Geschichten.
- **Interaktion**: Antworte auf Kommentare, stelle Fragen und starte Diskussionen.

- **Hashtags**: Nutze relevante Hashtags, um deine Reichweite zu erhöhen (z.B. #amwriting, #authorlife, #bookstagram).

3. Plane einen Buch-Launch

Warum? Ein gut geplanter Buch-Launch kann die Aufmerksamkeit auf dein neues Werk lenken und den Verkauf ankurbeln.

Tipps:

- **Datum festlegen**: Wähle ein Datum und erstelle einen Countdown.
- **Virtuelle Lesung**: Plane eine Live-Lesung oder Q&A-Session über Zoom oder Facebook Live.
- **Giveaways**: Organisiere Verlosungen von signierten Exemplaren oder exklusiven Goodies.
- **Pressemitteilung**: Sende eine Pressemitteilung an lokale Zeitungen, Blogs und Literaturzeitschriften.

4. Sammle Buchrezensionen

Warum? Gute Rezensionen können das Vertrauen potenzieller Leser stärken und deine Glaubwürdigkeit als Autor erhöhen.

Tipps:

- **Rezensionsexemplare**: Sende kostenlose Exemplare an Buchblogger und Influencer.
- **Goodreads und Amazon**: Ermutige Leser, Rezensionen auf diesen Plattformen zu hinterlassen.

- ☐ **Dankeschön**: Bedanke dich bei den Rezensenten und teile ihre Beiträge auf deinen Social Media Kanälen.

5. Nutze E-Mail-Marketing

Warum? Ein regelmäßiger Newsletter hält deine Leser auf dem Laufenden und bietet eine direkte Kommunikationsmöglichkeit.

Tipps:

- ☐ **Anmeldung fördern**: Biete Anreize zur Anmeldung (z.B. exklusive Leseproben, Gewinnspiele).
- ☐ **Regelmäßige Updates**: Versende monatliche oder vierteljährliche Newsletter mit Neuigkeiten, Schreibtipps und persönlichen Geschichten.
- ☐ **Segmentierung**: Teile deine Abonnentenliste nach Interessen auf, um gezielte Inhalte zu versenden.

6. Kooperationen und Gastbeiträge

Warum? Zusammenarbeit mit anderen Autoren und Gastbeiträge auf Blogs oder in Magazinen können deine Reichweite erhöhen.

Tipps:

- ☐ **Gastbeiträge**: Schreibe Artikel oder Blogbeiträge zu relevanten Themen und biete sie Webseiten oder Magazinen an.
- ☐ **Interviews**: Nimm Einladungen zu Podcasts, Radioshows oder YouTube-Kanälen an.

- ☐ **Gemeinsame Aktionen**: Organisiere gemeinsame Lesungen, Blogtouren oder Social Media Aktionen mit anderen Autoren.

7. Teilnahme an Buchmessen und Literaturveranstaltungen

Warum? Buchmessen und Literaturveranstaltungen bieten die Möglichkeit, direkt mit Lesern und Branchenexperten in Kontakt zu treten.

Tipps:

- ☐ **Stand buchen**: Präsentiere deine Bücher an einem eigenen Stand.
- ☐ **Autorenlesungen**: Nimm an Lesungen oder Podiumsdiskussionen
- ☐ teil.
  Netzwerken: Knüpfe Kontakte zu Verlegern, Buchhändlern und anderen Autoren.

8. Verwende bezahlte Werbung

Warum? Gezielte Werbung kann helfen, deine Bücher einer größeren Leserschaft vorzustellen.

Tipps:

- ☐ **Facebook Ads**: Nutze die detaillierten Targeting-Optionen, um spezifische Zielgruppen zu erreichen.
- ☐ **Amazon Ads**: Schalte Werbung direkt auf Amazon, wo
- ☐ potenzielle Leser bereits nach Büchern suchen.
  Google Ads: Platziere Anzeigen in den Suchergebnissen und auf themenrelevanten Webseiten.

9. Autorenprofile und Buchplattformen

Warum? Profile auf Plattformen wie Goodreads, Amazon Author Central und BookBub können deine Sichtbarkeit erhöhen und Leser anziehen.

Tipps:

- **Goodreads**: Erstelle ein detailliertes Autorenprofil, nimm an Leserunden teil und interagiere in Foren.
- **Amazon Author Central**: Pflege dein Autorenprofil, füge deine Biografie und Fotos hinzu und überwache deine Verkaufszahlen.
- **BookBub**: Nutze die Plattform, um Buchwerbeaktionen durchzuführen und Follower zu gewinnen.

10. Laufende Weiterbildung

Warum? Der Buchmarkt und die Marketingstrategien entwickeln sich ständig weiter. Weiterbildung hilft dir, immer auf dem neuesten Stand zu bleiben.

Tipps:

- **Webinare und Online-Kurse**: Nimm an Marketing- und Schreibkursen teil, um neue Techniken zu erlernen.
- **Fachliteratur**: Lies Bücher und Artikel über Buchmarketing und Selbstverlag.
- **Netzwerken**: Tausche dich regelmäßig mit anderen Autoren und Marketingexperten aus.

Diese Marketing-Tipps sollen dir helfen, deine Bücher erfolgreich zu vermarkten und eine treue Leserschaft aufzubauen. Jeder Autor ist einzigartig, daher ist es wichtig, die Strategien zu finden, die am besten zu dir und deinem Buch passen.

Viel Erfolg!